DESSINS

ANCIENS ET MODERNES

Des diverses Écoles

PROVENANT DE LA COLLECTION DE M. P. M...

Artiste-Peintre

MAI 1901

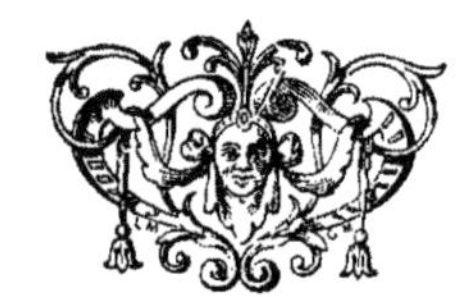

CATALOGUE

DE

DESSINS ANCIENS

DES DIVERSES ÉCOLES

DESSINS MODERNES

Aquarelles

CONDITIONS DE LA VENTE

Elle sera faite au comptant.

Les Acquéreurs paieront **dix pour cent** en sus des enchères.

ORDRE DE LA VACATION

DESSINS MODERNES................	Nos 88 à 118
DESSINS ANCIENS...................	1 à 87

(L'ordre numérique ne sera pas suivi)

MAULDE, DOUMENC et Cie, imp. de la Compagnie des Commissaires-Priseurs, rue de Rivoli, 144. 1000—96041

CATALOGUE

DE

DESSINS ANCIENS

DES DIVERSES ÉCOLES

Notamment de

L'ÉCOLE FRANÇAISE DU XVIIIe SIÈCLE

ŒUVRES DE

Fra Bartolomeo, Bérain, Boucher, Clodion, De Bucourt, Van Dyck,
Freudenberg, Gillot, Van Goyen,
Lagneau, Moreau le Jeune, L. Moreau, Prévost, Rembrandt,
Hubert-Robert, Rowlandson,
Rubens, Saint-Aubin, Saint-Quentin, Watteau, Wille le fils, etc., etc.

DESSINS MODERNES

PAR

Charlet, Decamps, Delacroix, Géricault, Helleu, Ingres,
Legros, Millet, Monnier, Troyon, Vernet, Vollon, etc., etc.

Provenant de la Collection de M. P. M...

Artiste-Peintre

Dont la Vente aura lieu

HOTEL DES COMMISSAIRES-PRISEURS, RUE DROUOT, N° 9

SALLE N° 7

Le Samedi 18 mai 1901, à deux heures

COMMISSAIRE-PRISEUR	EXPERT
Me Maurice DELESTRE	**M. Paul ROBLIN**
5, Rue Saint-Georges, 5	65, Rue Saint-Lazare, 65

EXPOSITION PUBLIQUE

Le Vendredi 17 Mai 1901, de 2 heures à 5 heures 1/2

DÉSIGNATION

DESSINS ANCIENS

BANDINELLI (Baccio)

(École Italienne du XVIe siècle)

1 — *Femme et Enfants.*

Plume.

(H., 0,30. — L., 0,23.)

BANDINELLI (Baccio)

(École Italienne du XVIe siècle)

2 — *Figure académique.*

Bistre.

(H., 0,40. — L., 0,21.)

BARTOLOMEO (Fra), dit Le Frate

(École Italienne du xve siècle)

3 — *Feuille d'études.*

Précieux dessins à la pointe d'argent, rehaussés de blanc, d'une exécution très poussée, au recto et au verso, sur papier préparé de teinte grisâtre.

On y remarque : Un Saint Jean-Baptiste devisant avec un apôtre, une Figure debout de femme drapée, une Tentation de Saint Antoine, une Femme agenouillée.

Collections de Triquetti et John Barnard.
Cadre ancien en bois uni rehaussé d'or.

(H., 0,20. — L., 0,14.)

BÉRAIN (Jean)

(École Française du xviie siècle)

4 — *Le Cheval du Roy.*

Cheval richement caparaçonné piaffant vers la droite.

Plume et aquarelle.

(H., 0,30. — L., 0,24.)

BÉRICOURT

(École Française du xviiie siècle)

5 — *La Diseuse de bonne aventure.*

Amusante composition à cinq personnages.

Aquarelle.

(H., 0,8. — L., 0,12 1/2.)

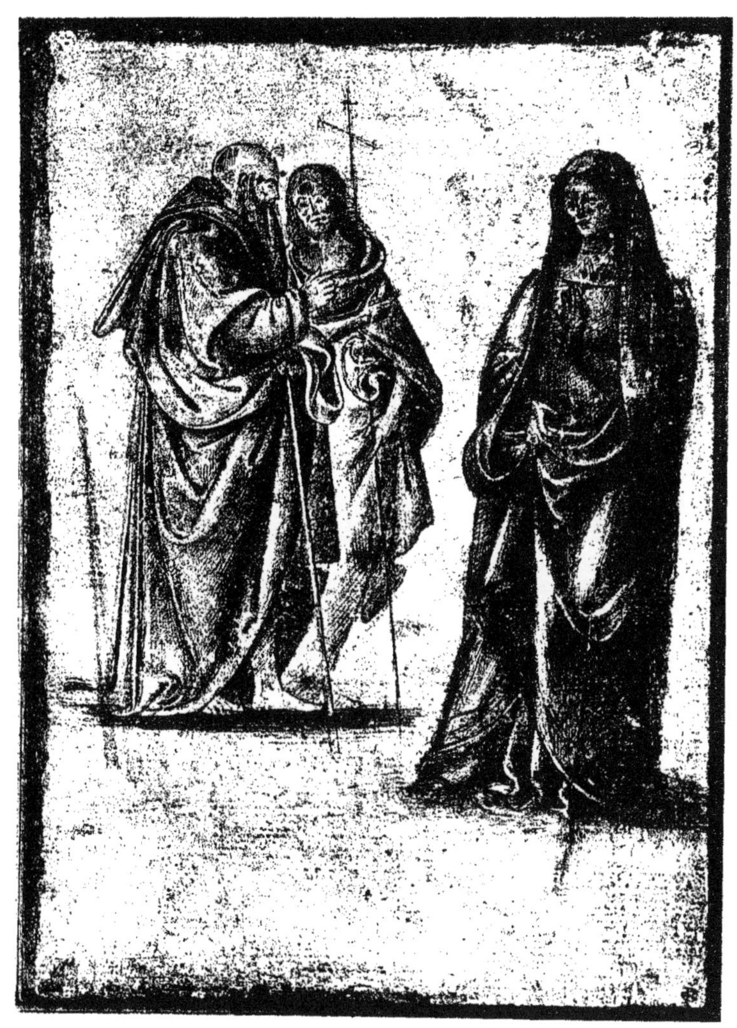

N° 3 — FRA BARTOLOMEO.

BONNARD (?)

(École Française du XVIIe siècle)

6 — *Femmes en costumes de fête.*

Deux pendants.

Peintures à l'huile.

(H., 0,26. — L. 0,18.)

BOSSE (ABRAHAM)

(École Française du XVIIe siècle)

7 — *La Veillée.*

A la lueur d'une bougie l'homme lit, la femme brode au métier, la mère file sa quenouille.

Sanguine.

Très intéressant dessin du commencement du XVIIe siècle.

(H., 0,17 1/2. — L., 0,23 1/2.)

BOUCHARDON (EDME)

(École Française du XVIIIe siècle)

8 — *Jeune homme drapé forgeant un casque.*

Médaillon très fin à la sanguine. Ovale.

(H., 0,10. — L., 0,09.)

BÉRAIN (Jean)

(École Française du XVIIe siècle)

9 — *Monsieur le Duc de Montmorency (?) à cheval en costume oriental.*

Magnifique dessin de costume pour le carrousel de 1661.
Plume et aquarelle.

(H., 0,35. — L., 0,26.)

BOUCHER (François)

(École Française du XVIIIe siècle)

10 — *Le Réveil.*

Jeune femme nue assise sur son lit de profil à gauche, une jambe relevée, au pied du lit un chat.

Montage ancien.
A la sanguine rehaussé de blanc.
Signé à l'encre.
A été gravé par Demarteau.
Cadre Louis XVI ancien en bois sculpté et doré.

(H., 0,35. — L., 0,24.)

BRAUWER (Adriaan)

(École Hollandaise du XVIIe siècle)

11 — *L'Atelier du sculpteur.*

L'artiste au cours de son travail reçoit la visite d'un opulent personnage oriental.

Encre de Chine.

(H., 0,31. — L., 0,24.)

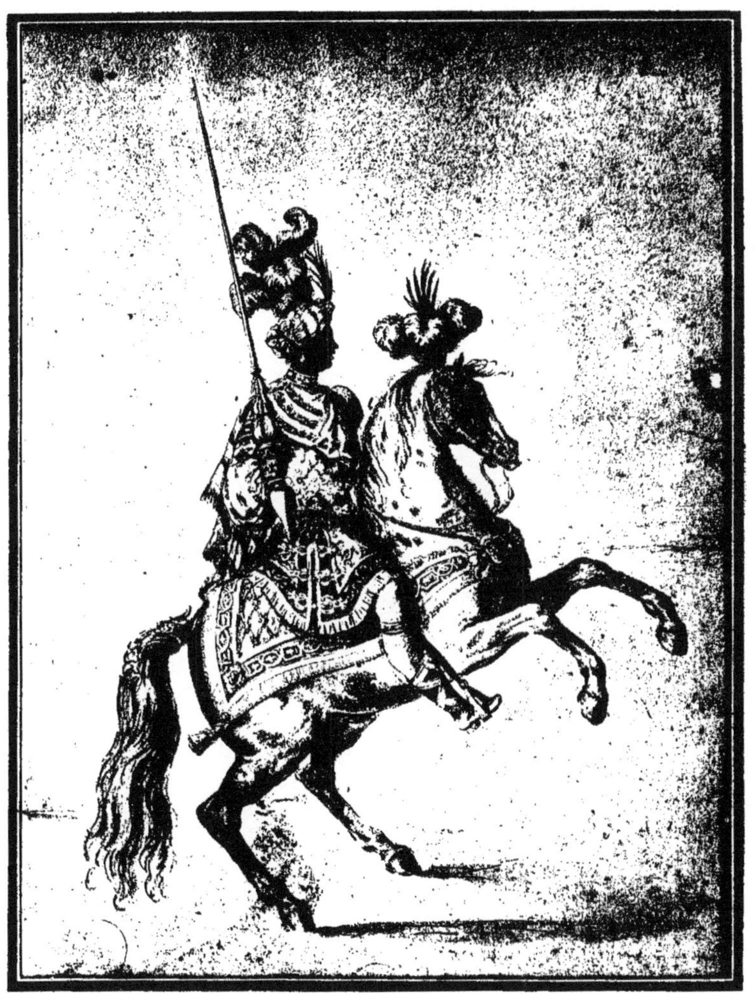

N° 9 — J. BÉRAIN.

CALLOT (?) (Jacques)

(École Française du XVIIe siècle)

12 — *Homme dansant.*

Deux vigoureux croquis à la pierre d'Italie et à la sanguine sur la même feuille.

(H., 0,22. — L., 0,21.)

CIGOLI (Ludovico)

(École Italienne du XVIe siècle)

13 — *Sainte en prière.*

Elle est inclinée, les mains jointes, vers la droite, le front ceint d'un bandeau.

Précieux dessin à la plume rehaussé de blanc sur papier rougeâtre.

Collections Richardson père, Robert Udney, William Esdaile.

Cadre en ébène fileté d'argent.

(H., 0,25. — L., 0,18.)

CLÉRISSEAU (Charles-Louis)

(École Française du XVIIIe siècle)

14 — *Vue du Pont Saint-Siste à Rome.*

Importante aquarelle.

Collection H. Hamal.

Cadre ancien en bois doré.

(H., 0,25. — L., 0,39.)

CLODION

(École Française du xviiie siècle)

15 — *Bacchante couchée.*

Demi-nue elle est étendue de dos vers la droite soulevant gracieusement des deux mains une petite amphore.

Cadre Louis XVI ancien en bois doré.

(H., 0,18. — L., 0,29.)

COSWAY (Richard)

(École Anglaise du xviiie siècle)

16 — *Portrait de jeune Femme.*

Préparation pour une miniature de femme en buste de face.

Pierre d'Italie et sanguine.

Cadre en bois sculpté et doré.

(H., 0,18. — L., 0,14.)

DOYEN (Gabriel-François)

(École Française du xviiie siècle)

17 — *Scène antique : Mort d'un Guerrier.*

Bistre. Signé.

(H., 0,26. — L., 0,31.)

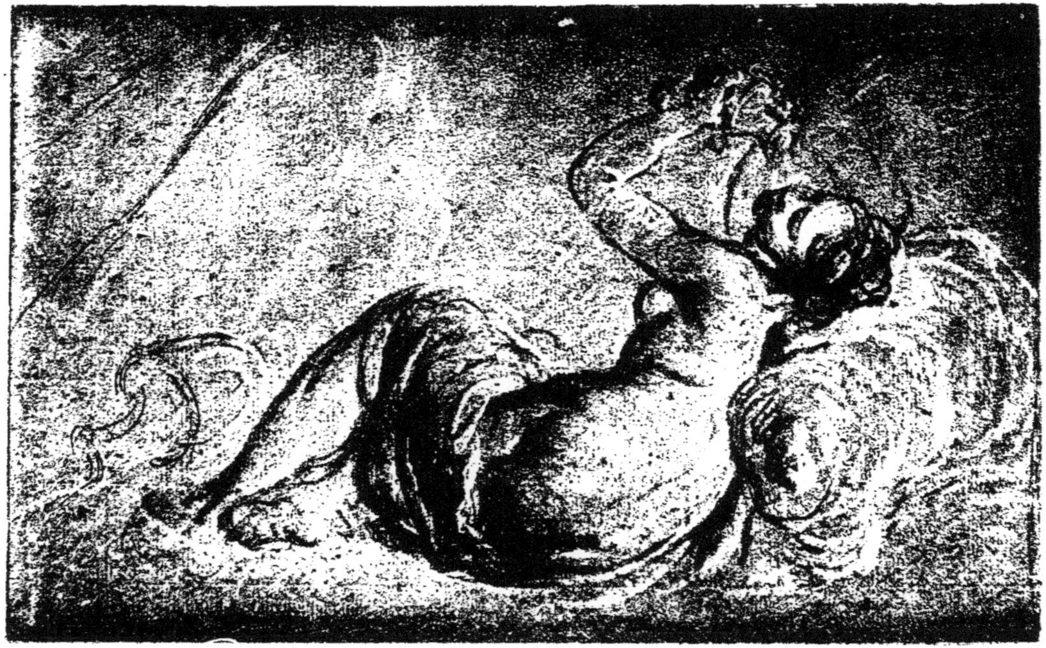

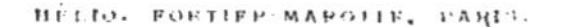

N° 15 — CLODION.

HÉLIO. FORTIER-MAROTTE, PARIS.

DROUAIS (François-Henry)

(École Française XVIIIe siècle)

18 — *Tête de jeune fille coiffée à marteau.*

Elle regarde malicieusement vers la droite.

Pierre d'Italie et sanguine.

Cadre ancien.

(H., 0,21. — L., 0,13.)

DÜRER (Att. à Albrecht)

(École Allemande du XVe siècle)

19 — *Homme soufflant le feu.*

Accroupi vers la droite il manie un soufflet. Ce personnage figure dans un des grands bois de Dürer, en proportions réduites, sans qu'on puisse l'attribuer au maître avec certitude.

Au verso, une étude de bras avec draperie.

Très intéressant dessin de l'École allemande du XVe siècle.

A la plume sur papier brun.

(H., 0,26. — L., 0,18.)

DYCK (Antoine-Van)

(École Flamande du XVIIe siècle)

20 — *Portrait d'un Cardinal.*

Crayon noir rehaussé de blanc.

(H., 0,34. — L.. 024.)

DE BUCOURT (Louis-Philibert)

(École Française du XVIIIe siècle).

21 — *Soirée intime.*

Une jeune femme coiffée d'un grand chapeau, et assise devant un clavecin, feuillette de la musique en se retournant vers la droite. A côté d'elle indication de deux jeunes gens et de deux vieillards.

Spirituelle esquisse à la sépia de la meilleure époque du maître.

Cadre Louis XVI ancien en bois sculpté et doré.

(H., 0,26. — L., 0,22.)

ÉCOLE ALLEMANDE DU XVe SIÈCLE

22 — *La Vierge et l'Enfant Jésus.*

Beau croquis à la plume de roseau dans la manière de Martin Sckœn.

Sur papier à filigrane gothique.

(H., 0,19. — L., 0,15.)

ÉCOLE ALLEMANDE DU XVIe SIÈCLE

23 — *Scène de Bataille.*

Plume.

H., 0,21. — L. 0,13)

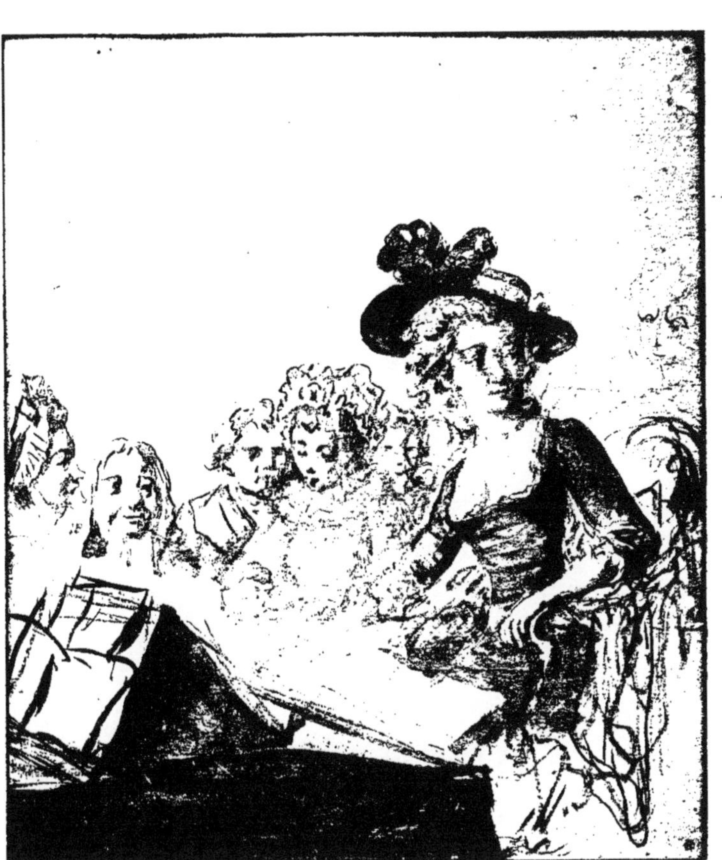

N° 21 — L. P. DEBUCOURT.

ECOLE ALLEMANDE DU XVIIe SIÈCLE

24 — *Titre-Frontispice pour un livre d'histoire daté de 1626 : Portique orné de personnages en riches costumes.*

Plume et encre de Chine.

(H., 0,175. — L., 0,270.)

ECOLE ANGLAISE DU XVIIIe SIÈCLE

25 — *Galante aventure.*

Dans la rue, un jeune homme aborde respectueusement une grosse dame à l'allure engageante.

Spirituelle peinture à l'essence.

(H., 0,24. — L., 0,33.)

ECOLE FLORENTINE DU XVIe SIÈCLE

26 — *Deux Têtes grotesques de profil.*

Plume rehaussée de blanc.

(H., 0,065. — L., 0,045.)

ÉCOLE FRANÇAISE DU XVIIe SIÈCLE

27 — *Feuille d'éventail: L'Enlèvement des Sabines.*

ÉCOLE FRANÇAISE DU XVIIIe SIÈCLE

28 — *Bataille de femmes dans un carrefour de Paris.*

Spirituelle composition de forme ronde, vivement enlevée à l'encre de Chine.

Cadre Louis XVI ancien.

(Diamètre, 0,26.)

ÉCOLE FRANÇAISE DU XVIIIe SIÈCLE

29 — *La Courtisane anglaise.*

Debout, de face, en costume élégant de l'époque Louis XVI, elle lance en marchant une œillade vers la droite.

A l'aquarelle.

Beau cadre rocaille ancien, doré et rehaussé de couleur.

(H., 0,16. — L., 0,11.)

ÉCOLE FRANÇAISE DU XVIIIe SIÈCLE

30 — *Flore et Zéphir.*

Composition sculpturale.

Bistre.

(H., 0.32. — L., 0,22.)

ÉCOLE FRANÇAISE DU XVIIIe SIÈCLE

31 — *La Pastourelle.*

Un danseur et une danseuse en riches costumes de théâtre de l'époque Louis XV, exécutent avec des guirlandes de roses une élégante figure de ballet.

Aquarelle.

(H., 0,19. — L., 0,29.)

ÉCOLE FRANÇAISE DU XVIIIe SIÈCLE

32 — *La Prudence en défaut.*

Deux jeunes gens s'embrassent derrière le lit de la mère malade.

Sanguine : En bas on lit : Lisette.

(H., 0,29. — L., 0,21.)

ÉCOLE HOLLANDAISE DU XVIIe SIÈCLE

33 — *Un Port en Hollande.*

Plume et bistre.

(H., 0,14. — L., 0,24.)

ÉCOLE JAPONAISE DU XVIIIe SIÈCLE

34 — *Un Aigle. — Un Épervier.*

Deux très belles aquarelles largement enlevées sur papier pelure.

(H., 0,50. — L., 0,38.)

ÉCOLE PERSANE DU XVIIe SIÈCLE

35 — *Portrait de Radjahs.*

Deux miniatures rehaussées d'or de la plus grande finesse. Les personnages, revêtus de somptueux costumes enrichis de pierreries, sont encadrés dans un ovale richement décoré, à reflets métalliques. L'un porte une longue barbe blanche ; l'autre a la barbe noire.

(H., 0,15. — L., 0,13.)

FLINCK (G.)

(École Flamande du XVIIe siècle)

36 — *Portrait d'Homme en buste coiffé d'un béret.*

De face, les deux mains appuyées sur une balustrade.

Crayon uni rehaussé d'encre de Chine. — Signé.

(H., 0,16. — L., 0,14.)

FREUDENBERG (Sigismond)

(École Française du XVIIIe siècle)

37 — *L'Amour à tout âge.*

Dans un intérieur élégant, une vieille dame assise vide sa cassette aux mains d'un jeune homme debout, tandis qu'une camériste prépare le lit. Cependant derrière elle, une jeune fille reçoit du favori un billet doux, et lui montre par une porte entr'ouverte, sa couchette qui les attend.

Plume et encre de Chine.

(H., 0,21. — L., 0,26.)

GILLOT (Claude)

(École Française du XVIIe siècle)

38 — *La Toilette des Comédiens.*

Plume et encre de Chine. — Collection de Chennevrières.

(H., 0,155. — L., 0,200.)

GOLTZIUS (H.)

(École Flamande du XVIe siècle)

39 — *Allégorie sur le courage personnifié par Hercule, Pallas et Mars.*

Beau dessin à la plume et à la sépia.

(H., 0,36. — L., 0,26.)

GOYEN (J. VAN)

(École Flamande du XVIIe siècle)

40 — *La Chasse aux Singes.*

Crayon uni. — Signé et daté : 1er juillet 1631.

(H., 0,06. — L., 0,20.)

GOYEN (J. VAN)

(École Flamande du XVIIe siècle)

41 — *Pêcheurs au bord d'une rivière.*

Crayon noir et lavis.

(H., 0,115. — L., 0,19.)

HORREMANS

(École Hollandaise du XVIIIe siècle)

42 — *Le Beau Parleur.*

Assis de profil, le visage de face, il pérore !

Sanguine.

(H., 0,24. — L., 0,19.)

KAUFFMANN (Angelica)

(École Anglaise du xviiie siècle)

43 — *Jeune Fille en buste.*

De profil, à gauche.

Joli croquis au crayon noir et à la sanguine. Dans la partie supérieure, esquisse de la même figure vue de face.

(H., 0,16. — L., 0, 12.)

KAUFFMANN (Angelica)

(École Anglaise du xviiie siècle)

44 — *Jeune Fille jouant du Tambourin.*

A mi-corps, de profil à gauche.

Charmant dessin à la sanguine. Cadre Louis XVI ancien, doré et sculpté.

(H., 0,19. — L., 0,12.)

KRAUSS (Uhlrich)

(École Allemande du xviie siècle)

45 — *Paysage : Chaumière à l'abri de grands arbres au bord d'une rivière.*

Indigo.

(H., 0,10. — L., 15 1/2.)

LAGNEAU

(École Française du xvie siècle)

46 — *Tête de vieille femme.*

Coiffée d'un bonnet, de trois quarts à gauche.

Crayon uni et sanguine frottés d'estompe.
Cadre en ébène.

(H. 0,14, — L., 0,10.)

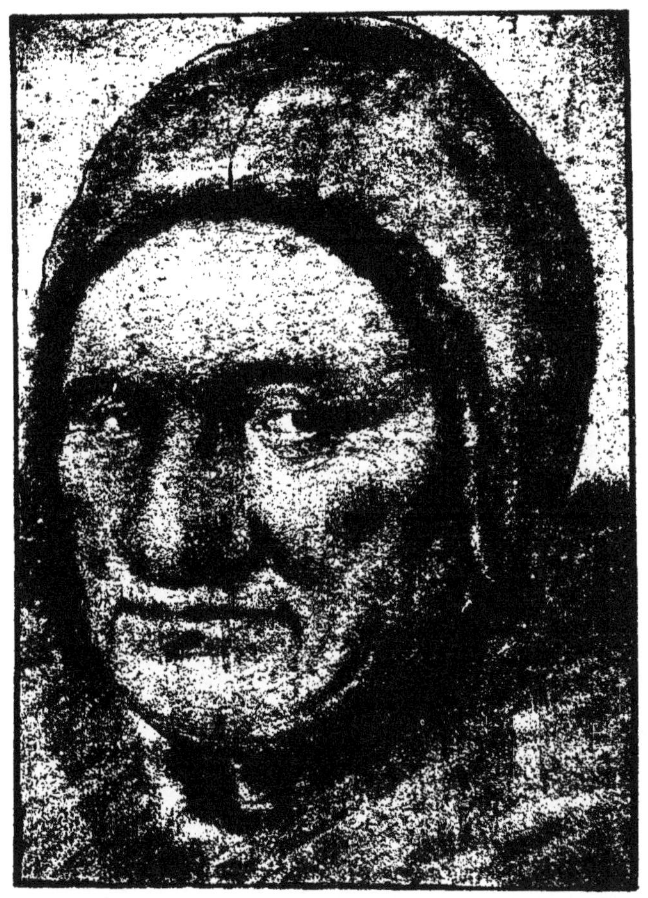

N° 46 — LAGNEAU.

LE BRUN (Charles)

(École Française du XVIIe siècle)

47 — *Les Trésors du Commerce et de la Justice sous la garde de la Fidélité.*

Frontispice pour un ouvrage in-folio.
Plume et encre de Chine. — Signé.

(H., 0,28. — L., 0,18.)

LE PAON

(École Française du XVIIIe siècle)

48 — *L'Equipage en détresse.*

Un lourd chariot chargé de bagages et de soldats, suivi de deux cavaliers est surpris par la bourrasque. Les chevaux de tête s'abattent.

Intéressante composition, d'un beau mouvement.
Plume rehaussée d'aquarelle.

(H., 0,45. — L., 0,60.)

LEYDE (Lucas de) (Attribué à)

(École Flamande du XVIe siècle)

49 — *Figure d'homme assis.*

Plume.

(H., 0,07. — L., 0,08.)

LINDMEYER (Daniel)

(École Allemande du XVIe siècle)

50 — *Vitraux aux armes des cantons de...*

Dans un riche encadrement, deux chevaliers armés dont un porte-étendard.

Deux superbes dessins à la plume rehaussés d'aquarelle.
Ils sont datés de 1572 dans la banderolle inférieure.

(H., 0,40. — L., 0, 30.)

LITTRET (A.)

(École Française du XVIIIe siècle)

51 — *L'Amoureux indiscret.*

Un jeune homme, vu de face, tient par l'épaule une jeune fille confuse qu'il désigne du doigt.

Figures à mi-corps.

Encre de Chine, rehaussé de carmin. — Signé et daté 1779.

(H., 0, 18. — L., 0,22.)

MINIATURE DU XIVe SIÈCLE

52 — *Lettre ornée avec personnages.*

(H., 0,11. — L., 0,12.)

MOREAU LE JEUNE (JEAN-MICHEL)

(École Française du XVIIIe siècle)

53 — *L'Indiscret.*

Au moment où une jeune fille, auprès du foyer, se préparait à passer sa chemise, un homme pénètre indiscrètement chez elle. Heureusement, sa camériste se précipite et masque à propos les yeux du visiteur.

Spirituel croquis au crayon noir, rehaussé de blanc sur papier bleu. — Montage ancien.

(H., 0,28. — L., 0,18.)

MOREAU LE JEUNE (JEAN-MICHEL)

(École Française du XVIIIe siècle)

54 — *Cul de Lampe.*

Formé d'un trophée de lances enroulées par un serpent.

Plume et encre de Chine.

(H., 0,06. — L., 0,09.)

MOREAU LE JEUNE (Jean-Michel)

(École Française du XVIIIe siècle)

55 — *Façade d'un monument, animée de personnages.*

Devant le parvis d'un édifice orné d'une riche colonnade, circulent de nombreux et spirituels petits personnages.

Plume et encre de Chine.

(H. 0,16. — L. 0,12.)

MOREAU (Louis)

(École Française du XVIIIe siècle)

56 — *Paysage.*

Très belle aquarelle.
Signée des initiales *L. M.*

(H., 0,26. — L., 0,40.)

PAJOU

(École Française du XVIIIe siècle)

57 — *Figure de Nymphe.*

Crayon noir rehaussé de blanc.

(H., 0,45. — L. 0,20.)

PARROCEL (Charles)

(École Française du XVIIIe siècle)

58 — *Un Tambour.*

Debout, vu de dos, il bat de la caisse.

Très beau dessin aux trois crayons.

(H., 0,43. — L., 0,26.)

PIERRE (Jean-Baptiste-Marie)

(École Française du xviiie siècle)

59 — *La récolte des Choux.*

Jolie aquarelle qu'on pourrait attribuer à Hubert-Robert.

(H., 0,11. — L., 0,14.)

PREVOST (Benoit-Louis)

(École Française du xviiie siècle)

60 — *Portrait de Chéreau, graveur.*

L'artiste est représenté assis de profil à droite, dans l'intimité de son cabinet, entouré de peintures et regardant une eau-forte.

Charmant dessin à la plume et à l'encre de Chine, a été gravé au lavis par Carrée.

Cadre Louis XVI ancien en bois sculpté et doré.

(H., 0.17. — L., 0,15.)

PRIMATICE (Le)

(École Française du xvie siècle)

61 — *Groupe de deux personnages près d'un puits.*

Sanguine.

(H., 0,13. — L., 0,11.)

PUNT (Jean)

(École Hollandaise du xviiie siècle)

62 — *Portrait de Louis XIV.*

Dans un encadrement ovale posé sur un socle renfermant quatre vers du Hollandais Havercamp. Derrière, Pallas tenant d'une main un glaive, de l'autre une torche enflammée.

Dessin d'une exécution précieuse à l'encre de Chine.

(H., 0, 23 1/2. — L., 0,14.)

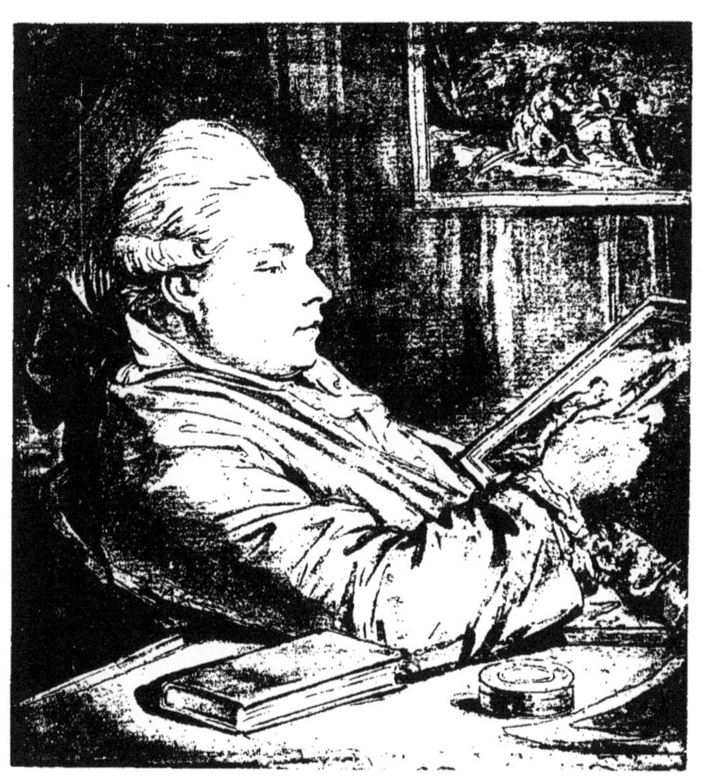

N° 60 — B. L. PRÉVOST.

REMBRANDT (Van Ryn)

(École Hollandaise du xviie siècle)

63 — *Deux dessins : Etudes de femmes.*

Plume et sépia.

(H., 0,11 et 0,10. — L., 0,10 et 0,14.)

ROBERT (Hubert)

(École Française du xviiie siècle)

64 — *Figure de dessinateur assis par terre.*

Etude d'une figure qui se trouve dans l'estampe en couleur (Palais Médicis).

Plume et sanguine.

(H., 0,18. — L. 0,19.)

ROBERT (Hubert)

(École Française du xviiie siècle)

65 — *Intérieur d'un Parc.*

Sanguine.

(H., 0,33. — L., 0,27.)

ROBERT (Hubert)

(École Française du xviiie siècle)

66 — *Paysage d'Italie.*

Sanguine.

(H., 0,16. — L., 0,22.

REMBRANDT (VAN RYN)

(École Hollandaise du XVIIe siècle)

67 — *Le paiement des fermages.*

L'intendant assis devant sa table reçoit les fermages de trois paysans.

Beau et important dessin à la plume.

Cadre Louis XIII en bois sculpté, de Bagard, de Nancy.

(H., 0,15. — L., 0,23.)

ROWLANDSON

(École Anglaise du XVIIIe siècle)

68 — *Scène comique.*

Aquarelle.

(H., 0,14. — L., 0,21.

ROWLANDSON

(École Anglaise du XVIIIe siècle)

69 — *Scène satirique.*

Aquarelle.

(H., 0,13. — L., 0,20.)

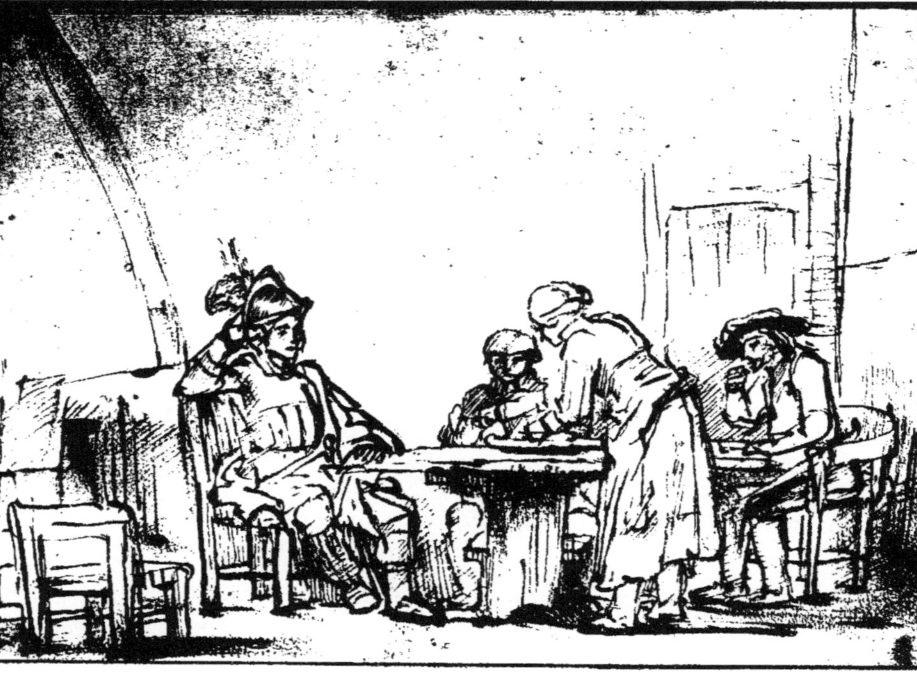

N° 67 — REMBRANDT VAN RYN.

HÉLIO. FORTIER-MAROTTE, PARIS.

RUBENS (Pierre-Paul)

(École Flamande du xviie siècle)

70 — *Buste d'homme de profil à gauche, coiffé d'un grand chapeau.*

Pierre d'Italie et sanguine.

Collection Richardson père.

Cadre en ébène.

(H., 0,14. — L., 0,10 1/2.)

RUBENS (Pierre-Paul)

(École Flamande du xviie siècle)

71 — *Croquis pour l'Ascension de la Vierge.*

Crayon noir.

Collections John Barnard et Richardson.

(H., 0,40. — L., 0,26.)

SAINT-AUBIN (Augustin de)

(École Française du xviiie siècle)

72 — *Portrait d'enfant.*

Petit profil à la mine de plomb.

(Diam., 0,060 mill.)

SAINT-AUBIN (Gabriel de)

(École Française du XVIIIe siècle)

73 — *Feuille de croquis.*

Spirituelle page d'album présentant plusieurs croquis du plus haut intérêt, à la plume et au crayon noir, avec quelques touches d'aquarelle. C'est une statue de femme nue, avec cette légende : « Vénus naissante, par M. Pfaff, « de Vienne... Fait à Abbeville en 9 mois et vue à Paris en 1773 ». Jeune fille assise lisant une lettre, etc.

Cadre Louis XVI ancien, en bois sculpté et doré.

(H., 0,22. — L., 0,15.)

SAINT-AUBIN (Gabriel de)

(École Française du XVIIIe siècle)

74 — *L'Église de Sceaux.*

Croquis au crayon noir, daté : Sceaux, 1778.

(H., 0,17. — L. 0,13.)

SAINT-QUENTIN (J.-Ph.-J. de)

(École Française du XVIIIe siècle)

75 — *Hébé.*

Etendue sur des nuages, elle soutient de la main gauche une amphore.

Gracieux dessin, rehaussé de pastel, sur papier rose.

(H., 0,27. — L., 0,48.)

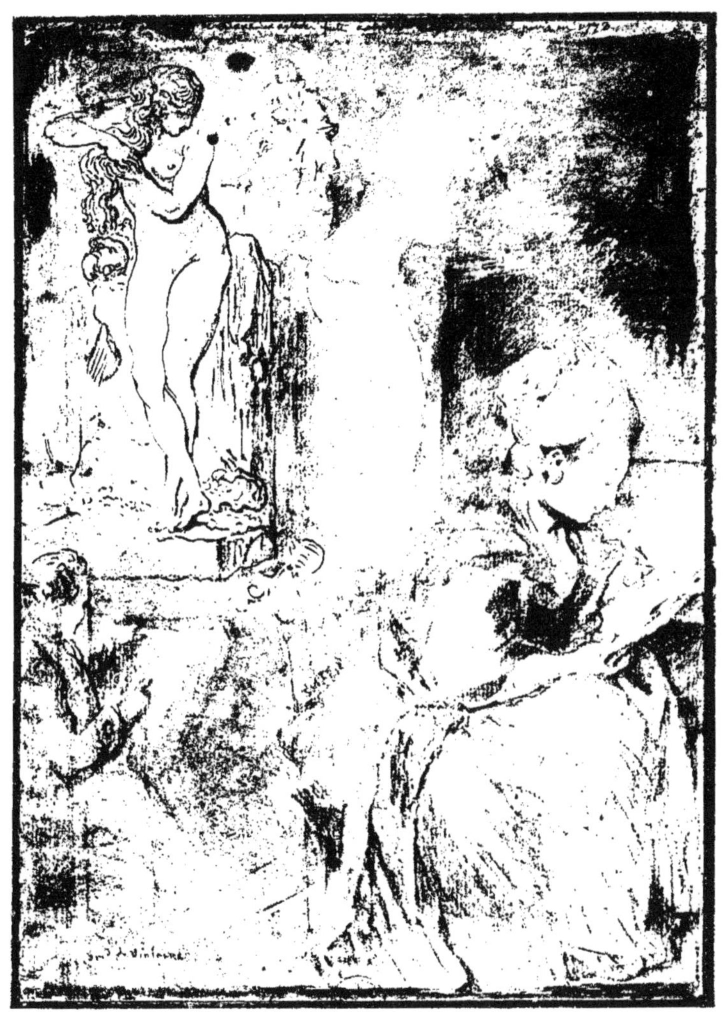

N° 73 — G. DE SAINT-AUBIN.

SCHENAU (Jean-Eléazare)

(École Française du xviiie siècle)

76 — *Scène populaire.*

Crayon noir.
Signé.

(H., 0,18. — L., 0,23.)

SUBLEYRAS (Pierre)

(École Française du xviiie siècle)

77 — *Lavandières.*

Femme debout, de profil à gauche, portant du linge dans une corbeille. A côté, une autre très penchée, vue de dos.

Crayon noir rehaussé de blanc sur papier bleuté.

(H., 0,34 — L., 0,25.)

TENIERS (David)

(École Flamande du xviie siècle)

78 — *Tête d'homme.*

Coiffé d'un bonnet, il regarde en souriant vers la gauche.

A la mine de plomb.

(H., 0.15 1/2 — L., 13 1/2.)

TIEPOLO (Domenico)

(École Italienne du xviiie siècle)

79 — *La Promenade.*

Comiquement vus de dos, sous le même parasol Monsieur, Madame et leur chien se promènent dans un vaste paysage.

Dessin au bistre. Signé à gauche.
Cadre de l'époque en bois doré.

(H., 0,27 — L., 0,39.)

VELDE (Adrian Van Den)

(École Flamande du xviie siècle)

80 — *Femme nue debout.*

Magnifique dessin à la sanguine. Il est facile d'y reconnaître le même modèle que celui du Louvre.

(H., 0,29. — L., 0,16 1/2.)

WATTEAU (Antoine)

(École Française du xviiie siècle)

81 — *Paysage.*

Sanguine.

(H., 0,18. — L., 0,30.)

WATTEAU (Antoine)

(École Française du xviiie siècle)

82 — *Scène pastorale.*

Sanguine. Signé.

(H., 0,13. — L., 0,15.)

WATTEAU (Antoine)

(École Française du xviiie siècle)

83 — *Soldats couchés.*

Contre-épreuve d'une feuille d'études à la sanguine.

(H., 0,22. — L., 0,18.)

WATTEAU (Attribué à Antoine)

84 — *Étude de pieds et de mains.*

Crayon noir et sanguine.
Collection Desperet.

(H., 0,19. — L., 0,24.)

WILLE (Pierre-Alexandre)
(École Française du XVIIIe siècle)

85 — *La Présentation.*

Dans un luxueux intérieur, une vieille femme présente à un financier une jeune fille d'allure timide.

Belle aquarelle, montage ancien.
Signé: P. A. Wille filius inv. del. 1772.

(H. 0,28. — L., 0,22.)

WILLE (Pierre-Alexandre)
(École Française du XVIIIe siècle

86 — *Amour sénile.*

Dans le même intérieur que le sujet précédent, le financier vieilli reçoit les innocentes caresses de la jeune fille assise auprès de lui. Dans le fond, une vieille femme fait le geste de compter des écus.

Belle aquarelle, montage ancien.
Signé : P. A. Wille filius inv. et del. 1772.

(H., 0,28. — L., 0,22.)

ZUCCHERO (Taddeo)
(École Italienne du XVIe siècle)

87 — *Un Concile.*

Important dessin, plume et bistre.

(H., 0,33. — L., 0,45.)

DESSINS MODERNES

AQUARELLES

BOILLY (Attribué à Louis)

88 — *Tête de jeune fille de profil à droite.*

Crayon noir.

(H., 0,20. — L., 0,15.

CHARLET

89 — *Le Maître d'École.*

Croquis rehaussé de sépia.

(H., 0,18. — L , 0,25.)

CHARLET

90 — *Le Petit écolier.*

Sépia rehaussé de blanc.

(H., 0,22. — L., 0.16.)

COROT

91 — *Étude de jeune fille.*

Mine de plomb.
Signée et datée : 1831.

(H., 0,27. — L., 0,21.)

DECAMPS

92 — *Étude d'oriental.*

Sépia et aquarelle.

(H., 0,10. — L., 0,07.)

DELACROIX (Eug.)

93 — *Cheval galopant.*

Étude rehaussée de pastel.
Cachet de la vente.

(H., 0,19. — L., 0,23.)

DELACROIX (Eug.)

94 — *Études de tigre.*

Crayon noir.
Cachet de la vente.

(H., 0,14. — L., 0,22.)

ÉCOLE FRANÇAISE

(du commencement du XIXe siècle)

95 — *Femme jouant de la harpe.*

Figure à mi-corps, la tête de face, en costume du Directoire.

Crayon noir et sanguine
Cadre doré de l'époque à riches palmettes.

(H., 0,28. — L., 0,19.)

GAILLARD (Fr.)

96 — *Étude pour le saint Sébastien.*

Crayon noir.
Cachet de la vente.

(H., 0,24. — L., 0,11.)

GAVARNI

97 — *Un Type de la rue.*

Crayon noir.
Signé.

(H., 0,22. — L., 0,15.)

GERICAULT (Th.)

98 — *Chevaux avant la course.*

Aquarelle.
Signée et datée : 1823.

(H., 0,13. — L., 0,17.)

GERICAULT (Th.)

99 — *Étude pour le naufrage de la* Méduse.

Crayon noir.

(H., 0,18. — L., 0,23.)

GERICAULT (Th.)

100 — *Études de têtes coupées.*

Crayon noir.

(H., 0,21. — L., 0,28.)

GERICAULT (Th.)

101 — *Lion attaquant un homme à cheval.*

Mine de plomb.

(H., 0,20. — L., 0,27.)

GERICAULT (Th.)

102 — *Scène de bataille.*

Mine de plomb.

(H., 0,21. — L., 0,28.)

GERICAULT (Th.)

103 — *Trompette à cheval.*

Mine de plomb.

(H., 0,14. — L., 0,12.)

HELLEU

104 — *Étude de femme accoudée.*

Aux trois crayons.
Signée.

(H., 0,23. — L., 0,16.)

INGRES

105 — *Portrait de femme.*

Mine de plomb et gouache.
Signé : Ingres à Mme Duban.

(H., 0,34. — L. 0,26.)

INGRES

106 — *Petit portrait de femme.*

(Étude pour Mme de Senonnes).

Mine de plomb.

(H., 0,10. — L., 0,08.)

INGRES

107 — *Portrait d'homme.*

Mine de plomb.
Signé.

(H., 0,11. — L., 0,09.)

ISABEY (Eug.)

108 — *Étude de vieilles maisons à Vitré.*

Mine de plomb.
Cachet de la vente.

(H., 0,20. — L., 0,13.)

LEGROS

109 — *Tête de jeune homme, profil.*

A la pointe d'argent.
Signée et datée : 1886.

(H., 0,30. — L., 0,23.)

LEGROS

110 — *Le vieil Espagnol, étude pour l'eau-forte.*

Crayon noir.
Initiales du maître.

(H., 0,23. — L., 0,18.)

MILLET (J.-Fr.)

111 — *Figures nues.*

Deux compositions à la sanguine.

(H., 0,08. — L., 0,05.)

MONNIER (Henry)

112 — *Groupe de personnages.*

Aquarelle (vente Mène).
Signé et dédicace, 1873.

(H., 0,21. — L., 0,15.)

MONNIER (Henry)

113 — *Type de dandy.*

Aquarelle. Signée H. M. 1828.

(H., 0,08. — L., 0,06.)

MONTICELLI

114 — *Groupe de Femmes.*

Préparation en grisaille.

(H., 0,15. — L., 0,20.)

PUVIS DE CHAVANNES

115 — *Le Sommeil.*

Groupe.

Crayon noir. Signature et dédicace.

(H., 0,17. — L., 0,30.)

TROYON

116 — *Paysage.*

Crayon noir.

(H., 0,14. — L., 0,28.)

VERNET (Carle)

117 — *Scène d'orage au bord de la mer.*

Crayon noir rehaussé de blanc.

(H., 0,19. — L., 0,27.)

VOLLON (A.)

118 — *Étude de chaumières.*

Fusain. Signé.

(H., 0,14. — L., 0,18.)

www.ingramcontent.com/pod-product-compliance
Ingram Content Group UK Ltd.
Pitfield, Milton Keynes, MK11 3LW, UK
UKHW020444180726
13839UKWH00004B/1616

9 782329 516950